Sticker Art Book

비·밀·정·원

## 스티커 아트북 비밀정원

| | |
|---|---|
| 초판5쇄발행 | 2025년 01월 10일 |
| 초 판 발 행 | 2017년 10월 20일 |
| 발 행 인 | 박영일 |
| 책 임 편 집 | 이해욱 |
| 저 자 | 시대인콘텐츠연구소 |
| 편 집 진 행 | 강현아 |
| 표 지 디 자 인 | 김도연 |
| 편 집 디 자 인 | 김지현 |
| 발 행 처 | 시대인 |
| 공 급 처 | (주)시대고시기획 |
| 출 판 등 록 | 제 10-1521호 |
| 주 소 | 서울시 마포구 큰우물로 75 [도화동 538 성지 B/D] 9F |
| 전 화 | 1600-3600 |
| 홈 페 이 지 | www.sdedu.co.kr |
| I S B N | 979-11-254-3638-6(13630) |
| 정 가 | 15,000원 |

※이 책은 저작권법에 의해 보호를 받는 저작물이므로, 동영상 제작 및 무단전재와 복제, 상업적 이용을 금합니다.
※이 책의 전부 또는 일부 내용을 이용하려면 반드시 저작권자와 (주)시대고시기획 · 시대인의 동의를 받아야 합니다.
※잘못된 책은 구입하신 서점에서 바꾸어 드립니다.

시대인은 종합교육그룹 (주)시대고시기획 · 시대교육의 단행본 브랜드입니다.

# *Sticker Art Book : 비 밀 정 원*

하루하루 바쁘게 살아가고 있는 당신을 위해 준비했어요. 다양한 색상의 색연필도 뛰어난 미적 감각도 전혀 필요 없어요. 오직 당신의 손가락만 있으면 언제 어디서든 멋진 작품이 뚝딱 완성된답니다.

기존의 컬러링 북에서 한 걸음 더 나아간 스티커 북은 폴리곤아트(Polygon Art)를 응용한 것으로 2D 형태의 다각형을 이용해 3D 형태의 이미지를 만드는 방법이에요. 아무 의미 없어 보이는 조각들을 정해진 위치에 붙이면 금방이라도 살아 움직일 것만 같은 훌륭한 작품이 완성된답니다. '곰손'인 당신도 걱정하지 마세요. 『Sticker Art Book : 비 밀 정 원』과 함께라면 당신도 '금손'이 될 수 있어요.

### 나만의 비밀정원에 당신을 초대할게요.

비밀정원의 문이 열리는 순간 총 10가지 종류의 동식물들이 당신의 손길을 기다리고 있어요.
큰 조각부터 작은 조각까지 하나씩 자리를 찾아 붙이면 어느 순간 예쁜 꽃과 귀여운 동물들을 만날 수 있을 거예요. 방법은 아주 간단해요. 그림판에 있는 번호와 같은 번호의 스티커를 찾아 붙이기만 하면 끝! 참 쉽죠. 맨 뒤에 있는 스티커를 떼기가 어렵다면 아예 전체를 뜯어내서 사용하세요. 점선이 있어서 조금만 힘을 주면 쉽게 뜯어낼 수 있답니다.

### 집에서 간단히 할 수 있는 맞춤 취미, 스트레스까지 한번에

"이불 밖은 위험해"라고 외치며 집안에서만 생활하는 일명 '집순이'들을 위해 준비했습니다. 집안에서 할 수 있는 것에는 한계가 있죠? 그림그리기, 요리, 만화책보기, TV보기 등등 안 해본 게 없으실텐데요. 그런 분들을 위해 새로운 취미를 소개합니다.

『Sticker Art Book : 비 밀 정 원』은 어떠한 도구나 기술도 필요 없어요. 그냥 붙이기만 하면 돼요. 책상에 앉아서, 이불 속에 엎드려서, 방바닥에서, 한번 조각을 붙이기 시작하면 완성할 때까지 꼼짝 않고 집중할 수 있어요. 하나하나 스티커를 붙이다 보면 머릿속을 가득 채우던 복잡한 생각들이 사라져 스트레스 해소는 물론 선 안에 조각을 붙이며 생긴 집중력 향상은 덤이랍니다.

언제 어디서든 스티커를 붙일 공간만 있다면 정원에 놀러올 수 있어요.
아무도 모르는 나만의 비밀정원이지만 당신에게만큼은 항상 열려있답니다.

지금 바로 가족, 친구, 애인과 함께 손끝에서 펼쳐지는 비밀정원으로 떠나보세요.

1. 동백

2. 코스모스

3. 다람쥐

4. 백합

5. 해바라기

6. 홍학

7. 백일홍

8. 벌새

9. 수선화

10. 웰시 코기

스티커 part

098 099 100 101 102 103 104 105 106 107
108 109 110 111 112 113 114 115 116
117 118 119 120 121 122 123 124 125 126 127
128 129 130 131 132 133 134 135 136 137
138 139 140 141 142 143 144 145 146 147

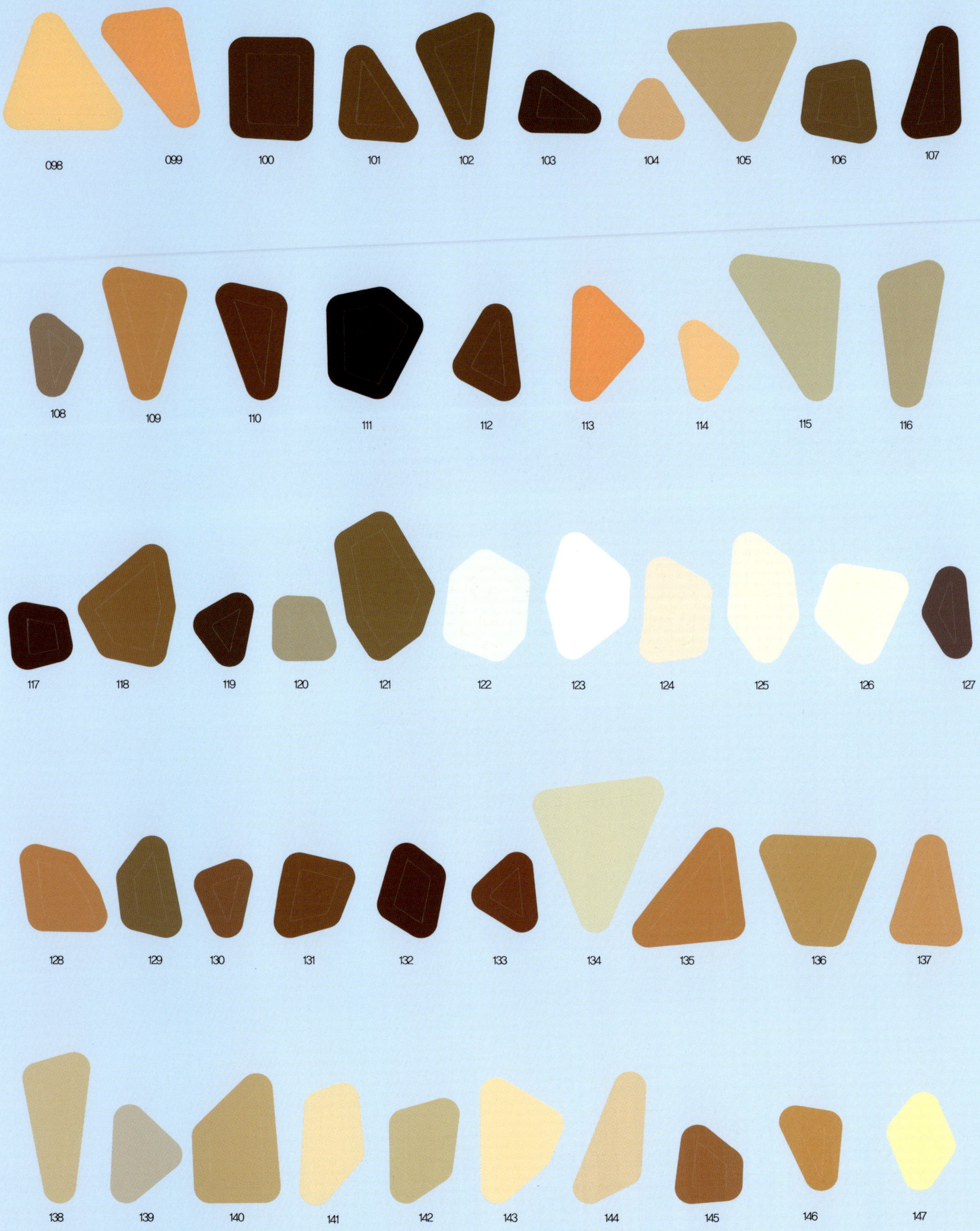

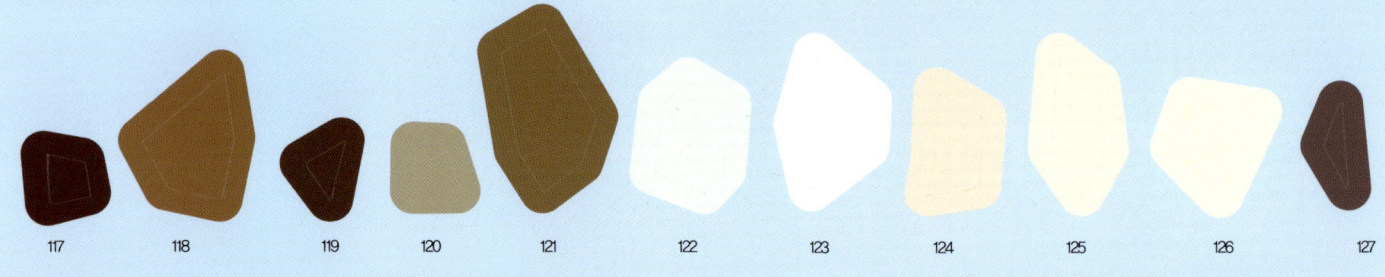

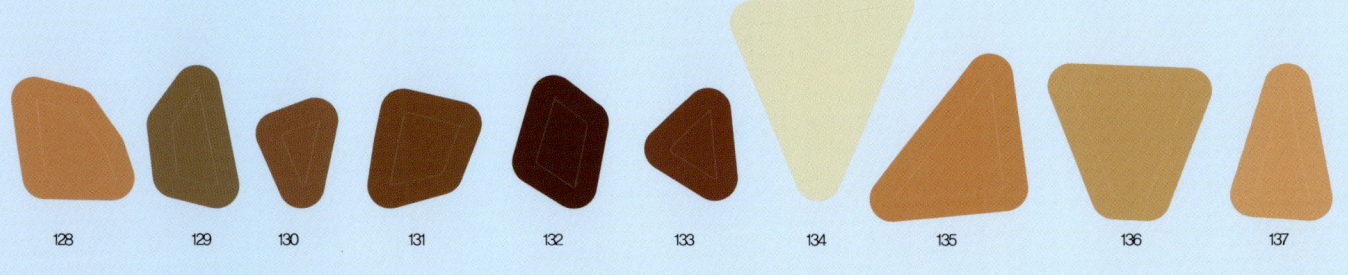

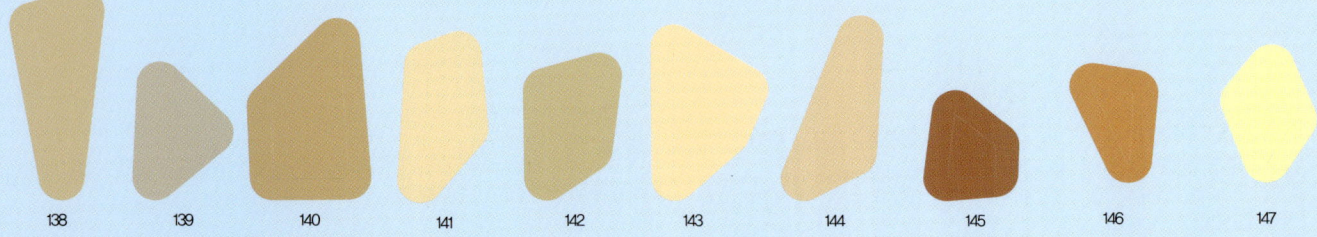